LA CONFESSION D'UN ENFANT DU SIÈCLE

Alfred de Musset

Fiche de lecture

Rédigée par Valentine Lechevallier, licenciée en Lettres (Paris X – Nanterre)

lePetitLittéraire.fr

Retrouvez tout notre catalogue sur www.lePetitLitteraire.fr
Avec lePetitLittéraire.fr, simplifiez-vous la lecture !

4, rue Henri Lemaitre | 5000 Namur
www.primento.com
ISBN 978-2-8062-3015-7
Dépôt légal : D/2011/12.603/408

SOMMAIRE

LA CONFESSION D'UN ENFANT DU SIÈCLE

ALFRED DE MUSSET

Né en 1810, Alfred de Musset connait ses premiers succès à 19 ans avec la publication d'un recueil de poèmes, *Les Contes d'Espagne et d'Italie*. Les drames et les articles qu'il écrit ensuite le font entrer dans le monde littéraire de l'époque, où il rencontre George Sand, avec qui il entretiendra une liaison tumultueuse. C'est à cette période (début des années 1830) qu'il écrit ses pièces les plus célèbres : *Les Caprices de Marianne* (1833), *Lorenzaccio* (1833) ou encore *On ne badine pas avec l'amour* (1834). En 1836, après la rupture définitive du couple Musset-Sand, parait *La Confession d'un enfant du siècle*, inspirée de son histoire avec George. Malgré la maladie, la dépression et l'alcoolisme, il continue à écrire des pièces, des nouvelles et des poèmes. En 1857, après avoir été élu à l'Académie Française, il meurt à Paris.

- **Né en 1810 à Paris, décédé en 1857 dans la même ville**
- **Poète et dramaturge français**
- **Quelques-unes de ses œuvres :**

Les Caprices de Marianne (1833), pièce de théâtre
Lorenzaccio (1834), pièce de théâtre
La Confession d'un enfant du siècle (1836), roman

Une œuvre née du Romantisme

La Confession d'un enfant du siècle est l'unique roman de Musset. Il y décrit certes la souffrance de sa relation avec George Sand, mais il y introduit également le thème de la recherche de la vérité dans une époque qui n'a plus d'idéaux. Il faut en effet lire *La Confession* en connaissant son contexte historique : de Napoléon à Louis-Philippe, tous les régimes qui se succèdent ne sont porteurs que de déception et ne tiennent pas les promesses de la Révolution. Musset écrit son roman sous la Monarchie de Juillet, qui donne naissance à une génération déçue par la politique mais plus libre de s'exprimer, qui choisit alors de se tourner vers son intériorité plutôt que de s'intéresser au collectif.

1. RÉSUMÉ

Première partie

Chapitre 1

Le narrateur utilise la métaphore de l'amputation pour parler de son récit, qui ne racontera que trois ans de sa vie.

Chapitre 2

Ce chapitre, qui prend la forme d'une « fresque épique », présente une génération affligée car prise entre un passé en ruines et l'espoir d'un avenir meilleur. **Le héros-narrateur, Octave, mène une existence de « désespérance »**.

Chapitre 3

Il décrit comment il a attrapé la « maladie du siècle » : en découvrant que sa maitresse le trompait. Raisonné par son ami Desgenais, il se persuade de ne plus jamais voir cette femme.

Chapitre 4

Octave explique que son oisiveté d'enfant riche est le fait de sa volonté, et non de sa paresse. Il revient sur sa passion pour sa maitresse et sur l'innocence propre à son âge.

Chapitre 5

Desgenais reproche à Octave de voir l'amour comme un poète. En exposant sa vision cynique des choses, il **le pousse à fréquenter des courtisanes**.

Chapitre 6

Le narrateur réfléchit au discours qu'il vient d'entendre. Il croit découvrir dans une amie de sa maitresse une confidente, mais découvre qu'elle veut seulement le séduire. Il est plus outré que jamais.

Chapitre 7

Après avoir reçu des livres libertins par un héritage, **Octave se met à douter de tout**, de Dieu comme de l'humanité entière.

Chapitre 8

Selon Octave, la sexualité et les sentiments sont intimement liés. **Afin d'apaiser sa douleur, il tente plusieurs choses** : la solitude, les promenades... Mais **rien n'y fait**.

Chapitre 9

Après avoir aperçu un ivrogne endormi, **il décide de s'enivrer** dans un cabaret, où **il rencontre une jeune prostituée** dont la ressemblance avec sa maitresse infidèle le frappe et lui rappelle encore qu'il souffre de la maladie du siècle.

Chapitre 10

Le narrateur ramène pourtant la fille chez lui. Dans un monologue intérieur, il s'adresse aux gens de raison, qui pourraient être insensibles à son cas : eux aussi sont susceptibles, un jour, de tout perdre et de souffrir comme lui.

Deuxième partie

Chapitre 1

Lorsqu'Octave se réveille près de la prostituée, **il est dégouté de lui-même**. De plus, Desgenais lui apprend que son ancienne maitresse possédait trois amants. Il est furieux. À partir de ce jour, **son comportement change**.

Chapitre 2

Octave commence **une vie de débauche**, qui le déçoit pourtant.Chapitre 3

Lors d'un séjour chez Desgenais, il critique les femmes faciles et sans cœur. Son ami lui envoie alors sa propre maitresse afin de le pousser à être plus léger.

Chapitre 4

Vivre ainsi l'épuise et le lasse. Son récit des soirées libertines finit sur l'affirmation que la vie est un tourbillon qui ne donne lieu à aucune expérience. Ses conquêtes sont vaines.

Chapitre 5

Dans une tirade lyrique, le héros confie à Desgenais que **la débauche ne guérit pas la solitude**. À la fin du chapitre, les amis apprennent que **le père d'Octave est en train de mourir**.

Troisième partie

Chapitre 1

Quand **Octave arrive à la campagne**, son père est déjà mort. Dans la dernière page du journal paternel, il y a une déclaration d'amour à son fils.

Chapitre 2

Il décide de rester à la campagne, où **il reproduit presque exactement la vie de son père**. Il semble en être heureux.

Chapitre 3

Il rencontre Brigitte Pierson, qui l'impressionne beaucoup, d'une manière presque religieuse, car elle fait preuve d'une bonté et d'une charité extrême.

Chapitre 4

Alors qu'ils cheminent ensemble, elle lui fait remarquer qu'il est fort jeune (elle a une trentaine d'années, il en a vingt), mais il proteste.

Chapitre 5

Octave rend souvent visite à Brigitte et goute à nouveau au **bonheur**. Il comprend qu'**il est amoureux d'elle**. Cependant, il fait la rencontre de Mercanson, prêtre antipathique et hypocrite, relativement proche de Brigitte.

Chapitre 6

Cela fait trois mois que Brigitte et Octave se voient tout le temps. Le narrateur décrit le bonheur d'aimer, et pourtant il n'ose rien dire à la jeune femme. Mais un soir, elle lui avoue qu'elle sait tout et qu'**il doit partir car leur amour est impossible**.

Chapitre 7

Bien que d'accord pour partir, Octave, cloué au lit par une fièvre, doit rester. Il découvre que **c'est finalement elle qui a quitté le village**.

Chapitre 8

Il est impossible pour le héros de partir ; **il rejoint Brigitte et tente de la convaincre d'accepter qu'ils se voient encore**. Brigitte lui demande de partir en voyage pendant quelques semaines afin qu'elle ait du temps pour réfléchir.

Chapitre 9

Lorsqu'il la retrouve, les choses sont presque comme autrefois, mais **Octave souffre toujours**. Soudain, Brigitte, malade, ne donne plus de nouvelles. Finalement, il la persuade de le laisser l'accompagner au village, occasion dont il profite pour lui exposer sa souffrance. Brigitte cède et **ils s'embrassent**.

Chapitre 10

Le chapitre décrit l'attente de l'amant avant que la relation soit consommée, c'est-à-dire le désir, la volupté, mais aussi la complicité.

Chapitre 11

Le narrateur livre ici un hymne à l'amour, qui élève ce sentiment au stade de divinité.

Quatrième partie

Chapitre 1

Pour prouver sa sincérité, **la jeune femme donne à lire au narrateur quelques pages de son journal**. Mais elle l'arrête quand il est tenté d'en lire plus. Le **doute** s'insinue alors chez Octave, d'autant plus que le lendemain il découvre **l'existence de M. de Dalens**. Quand Brigitte apprend cela, elle s'offense des soupçons de son amant, qui implore son pardon. Tout finit bien.

Chapitre 2

Octave devient las, ironique. Il appelle cela une « gaîté sinistre ». Brigitte le supporte, bien qu'il la provoque et aille jusqu'à susciter délibérément sa jalousie lors d'un bal.

Chapitre 3

Alors que le couple est en escapade dans les bois, **Brigitte** confie à Octave qu'elle a été trahie par celui qui lui était promis lorsqu'elle était jeune, et qu'**elle aussi a souffert et a besoin de son indulgence**.

Chapitre 4

La tante chez qui Brigitte vivait vient de mourir, et celle-ci veut alors partir, d'autant plus que se répandent dans le village **des rumeurs** sur son couple. Le héros se rend alors compte qu'il est responsable du malheur de cette femme et qu'il devrait peut-être la quitter, pour son bien à elle. Pourtant, **il la convainc de rester**.

Chapitre 5

Octave surprend sa maitresse en train de briser sa vieille couronne de rosière, décernée à la jeune fille la plus jolie et la plus charitable du village. En larmes, Brigitte renie son passé.

Chapitre 6

Le narrateur vit pratiquement chez Brigitte. Mais très vite, **il se remet à douter**. Ils tentent d'oublier que leur mal empire, en se déguisant un soir, par exemple. Mais un jour, Octave découvre dans le journal de Brigitte son testament, dans lequel elle explique le sacrifice de sa vie pour lui. Choqué, il part en prenant le poison qui se trouve près du journal, mais Brigitte le surprend et veut s'enfuir avec lui. **Ils partent ensemble**.

Cinquième partie

Chapitre 1

Les amants arrivent à Paris et sont excités de leur **départ futur vers Genève**. Octave rachète sa conduite auprès de **Brigitte**, mais le comportement de celle-ci **s'assombrit soudain**.

Chapitre 2

Brigitte, souffrante, avoue finalement que **sa famille se sent déshonorée par sa situation**. **Octave décide d'aller chez Smith, ami de la famille de Brigitte, dont il apporte des lettres**. Il est très surpris lorsqu'il arrive chez lui, car ce dernier est malade et fiévreux, exactement comme Brigitte. Il l'admire car il apprend que Smith travaille pour aider sa famille.

Chapitre 3

Smith rend souvent visite au couple ; il est courtois et agréable. Mais il y a toujours ces **similitudes frappantes entre Brigitte et lui** qui font sentir à Octave qu'il y a là un secret. Il retarde sans cesse leur départ pour la Suisse, sans raison.

Chapitre 4

Le chapitre s'ouvre sur un discours à propos des débauchés, qui connaissent plus vite la vérité et l'horreur du monde. Octave a une « curiosité du mal », c'est pour cela qu'il reste, alors que **Brigitte est manifestement malheureuse**.

Chapitre 5

Il pense trop et en souffre. Pour connaitre la vérité, **il tente de surprendre Brigitte en lui annonçant que si elle veut toujours partir, une voiture les attend en bas. Elle accepte, mais elle est bouleversée, tout comme Smith**. Le couple se dispute alors et renonce au départ. Épuisée, Brigitte s'évanouit.

Chapitre 6

Désespéré, **Octave hésite à se suicider, et même à la tuer avant**. Finalement, il se rétracte au petit matin, mais **trouve soudain une lettre de Brigitte à Smith**, dans laquelle elle écrit partir avec Octave puisqu'il ne peut vivre sans elle, tout en assurant que **c'est bien Smith qu'elle aime**.

Chapitre 7

La narration passe à la troisième personne. Le couple marche dans Paris, parait s'entendre. Mais la joie est feinte. **Octave décide de partir pour laisser Brigitte à Smith**, qui l'aimera peut-être mieux. Les amants se quittent à la sortie de Paris.

2. ÉTUDE DES PERSONNAGES

Octave de T***

Il est à la fois **le personnage principal et le narrateur**. Âgé de 19 ans au début de l'œuvre et de 22 lorsqu'elle se termine, il incarne à la fois une sorte de **double de Musset** lui-même et le **héros-type de l'époque romantique**. En effet, c'est un personnage nerveux, passionné, qui se réclame de Rousseau dans son aspiration à l'innocence. Il mène une vie de **dandy** débauché que lui permet son **milieu social privilégié**. C'est donc un **enfant gâté**, qui a néanmoins un gout sincère pour **l'amour**, auquel il voue un culte. Ses relations avec les femmes sont caractérisées par la **souffrance**. L'amour et la douleur ne sont plus dissociables, c'est le propre de cette maladie du siècle qui le ronge.

Desgenais

Ce jeune avocat, plus âgé qu'Octave, est **l'ami du narrateur**. Ils sont très proches, mais, alors qu'Octave est un romantique, Desgenais est plutôt un **libertin**. Selon lui, l'amour ne dure jamais. Sa vision légère des choses cache un **cynisme extrême**. Mais sa **connaissance de la vie** lui permet de **soutenir Octave** dans son désespoir. Il l'initie à la débauche. Il disparait après la deuxième partie, puisque le narrateur entre dans une période où tout ce qu'il symbolise est rejeté au profit de la relation amoureuse.

Brigitte Pierson

Elle apparait dans la troisième partie et fait une très forte impression à Octave, notamment du fait de sa **grâce** et de sa **bonté**. Elle est également **gaie** et **cultivée**, ce qui la rapproche évidemment de **George Sand**. On apprend d'elle que, sans être vraiment belle, elle possède beaucoup de charme. Originaire de N*** mais vivant au village depuis longtemps, elle a **trente ans** lorsqu'elle rencontre Octave, une différence d'âge qui aura son importance. Sa relation avec Octave sera à la fois amoureuse, sensuelle, et même maternelle parfois.

Mercanson

Mercanson est un personnage important car **il incarne la crise des valeurs de l'époque ainsi que l'anticléricalisme de Musset**. Ce jeune prêtre, neveu du curé du village, est une sorte de **Tartuffe**. C'est un être **hypocrite et médisant** qui, alors qu'il est assez proche de Brigitte, voue une antipathie (réciproque) à Octave. Il n'y a plus rien de chrétien en lui, il joue plutôt le rôle d'un intrigant.

Henri Smith

C'est le dernier personnage important du roman. Lui aussi vient de N***, c'est pourquoi il connait Brigitte depuis toujours et lui apporte des lettres. Désormais, il vit et **travaille** à Paris, **afin de soutenir sa famille**. Il constitue un **double vertueux d'Octave**, qui est fasciné par ce jeune homme qui lui ressemble sans être oisif. Smith s'immisce dans la vie du couple, notamment de Brigitte, jusqu'à ressentir les mêmes émotions qu'elle. C'est également un personnage **romantique**, mais moins sombre qu'Octave, car il est plus **mesuré**, tout en étant aussi **sensible**.

3. CLÉS DE LECTURE

Le XIXe, un siècle maudit

a) L'Histoire et l'histoire

Avec le **tableau historique** que constitue le deuxième chapitre, Musset, comme l'ont fait beaucoup de ses contemporains (Stendhal, Chateaubriand, Hugo, etc.), fait entrer dans la fiction les personnages et faits qui ont façonné cette période-là. **Napoléon** est évidemment mentionné comme cet **acteur de la grandeur et décadence de la France**. Mais cette fresque historique n'est pas gratuite : Musset en fait **l'introduction au personnage d'Octave, issu d'une génération qui s'ennuie**. À travers un resserrement de la focale du récit, la grande histoire se mêle à la petite, venant justifier la « maladie du siècle » dont souffre le héros, c'est-à-dire un mal qui touche les individus dans leur intériorité et que partagent tous ces jeunes gens qui n'ont aucune cause à défendre. En effet, la Révolution et les régimes qui lui ont succédé n'ont pas tenu les promesses de 1789, provoquant un profond désenchantement chez la jeune génération, déchirée entre désir d'héroïsme, de grandeur, et désespoir, ennui.

b) Des valeurs anéanties

Avec la succession des régimes, toutes les valeurs qui s'étaient enracinées dans l'Ancien Régime ont perdu leur poids. C'est bien sûr **la religion** la plus touchée ici : le roman déroule une succession de remarques ou de faits blasphématoires qui montrent que la seule prise de position possible et sincère est, précisément, dans le sacrilège. La religion à adorer désormais, c'est celle de **l'Amour**.

Une œuvre romantique

a) Le lyrisme

Exposer sa sensibilité, mettre en scène son intériorité, voilà ce qu'est le romantisme (mouvement littéraire qui a vu le jour en Allemagne à la fin du 18e siècle, en réaction à la philosophie des Lumières, qui prônait la suprématie de la raison). Cela passe par un **lyrisme exacerbé**, présent à travers un langage hyperbolique, une ponctuation typée, des apostrophes ou encore un vocabulaire du sentiment, et à travers des descriptions de joies immenses ou de moments de désespoir profond, de longs monologues intérieurs, des décisions qui se font dans l'excès, etc. La gestuelle dramatique rajoute en outre au tragique de certaines scènes. Ainsi, l'individu commence à prendre la place du collectif, obsolète, et se place sur le devant de la scène.

Ici, le ton lyrique s'emploie principalement pour exprimer **la douleur d'Octave**, sans cesse attiré par le malheur, comme il le dit lui-même : « Comment se fait-il qu'il y ait ainsi en nous je ne sais quoi qui aime le malheur ? » (V, 4) Ce sont d'ailleurs des « auteurs du malheur » qui sont cités tout au long de l'œuvre : Byron, Goethe, Constant ou Lamartine.

b) L'état « naturel »

La pensée romantique ne se conçoit pas sans **l'osmose de l'esprit humain avec l'environnement naturel qui l'entoure**. C'est ainsi qu'au début du chapitre 5 de la première partie, alors qu'Octave est plongé dans le plus profond désespoir, il voit par sa fenêtre la pluie, le vent ou les oiseaux souffrir avec lui. Dès lors, **la nature**, parfois perçue comme un refuge, offre un **contexte propice aux épanchements de l'âme**, comme le montre l'épisode sur la roche, alors que Paris sera le lieu du silence, de la tromperie.

Les auteurs du mouvement romantique rêvent par ailleurs de **retrouver l'état de nature de l'homme**, tel qu'il était avant que la société ne le pervertisse : Octave ne veut « être qu'un homme » (I, 4). Cela rappelle évidemment **Rousseau**, qu'Octave a lu. La dernière tentative de retrouver cet état de pureté originelle, c'est le choix de la Suisse comme destination. Mais le pays est présenté à travers des clichés et le projet avorte, tout comme cette aspiration des romantiques est **illusoire**.

c) L'amour et la mort

Eros (l'amour) **et Thanatos** (la mort) sont deux divinités contradictoires et complémentaires qui **représentent l'essence de l'art, les deux pôles vers lesquels Octave est attiré**. Ces deux thèmes sont très présents dans la littérature romantique. Dans *La Confession*, ils sont intimement liés : l'amour filial s'exprime au moment de la mort du père d'Octave ; l'amour sensuel peut donner lieu à la volonté de se suicider ou même de tuer l'être aimé. La débauche incarne également cette tension, puisqu'elle est à la fois plaisir et destruction. Il n'est pas étonnant qu'Octave s'y jette ainsi, lui qui est sous le joug d'une fascination morbide et qui utilise la métaphore du cadavre que l'on serre pour parler de la recherche de la vérité.

La Confession d'Alfred de Musset

a) L'écriture autobiographique

Ce roman a beau être une **œuvre de fiction**, nul contemporain de l'auteur n'a pu ignorer la ressemblance de certains de ses éléments avec la vie qu'a menée Musset. Il faut souligner que les gouts, l'aspect ou encore l'origine sociale de **Brigitte et Octave font beaucoup penser à** ceux de **Sand et Musset**. Ces ressemblances peuvent prendre une forme très large et sans contour, comme le fait que l'écrivain lui-même ait connu la même débauche qu'Octave ou que, comme Brigitte, George Sand était âgée de quelques années de plus que lui. Mais ces similitudes sont aussi, parfois, ponctuelles et pratiquement calquées sur la réalité : on retrouve dans les paroles entre les deux amants des passages entiers des lettres que s'écrivaient Musset et Sand, on remarque également que la promenade qui aboutit sur une roche est la transposition quasi exacte d'une escapade à Fontainebleau, etc. Les exemples sont assez nombreux. Cela fait écho au **vœu de vérité** évoqué plus haut qui, bien que formulé par le narrateur, peut être considéré comme le souhait de Musset puisque l'œuvre est de sa main. Comme les autres artistes romantiques, l'auteur révèle (en partie) son intériorité au monde et se fait **la voix du mal de son époque**. Le choix de la fiction montre que **l'intérêt de l'œuvre** ne réside pas tellement dans l'exposition d'un moi singulier (qui sera plutôt la problématique du XXe siècle), mais **dans l'émergence artistique d'un mal-être commun et propre à cette époque**.

b) Le thème du double

L'idée qu'**Octave** est une sorte de reflet de Musset est renforcée par les **doubles qu'il a dans le récit**. Il y a celui qu'il provoque en duel au début, mais il y a surtout Smith : il est similaire à Octave sur bien des points (relevés plus haut), mais est en fait son rival. Ce **dédoublement d'identité** n'est pas exclusif au héros : au cabaret, la ressemblance est frappante (mais sûrement due aux effets du vin) entre la jeune prostituée et la maitresse. Ces visions du narrateur établissent un **jeu littéraire avec le lecteur** : l'auteur brouille les pistes en créant un monde de **spectres qui se ressemblent tous** puisqu'ils sont atteints du même mal ; il fait **déborder l'intériorité du narrateur**, et la sienne, sur les personnages secondaires.

4. PISTES DE RÉFLEXION

Quelques questions pour approfondir sa réflexion…

- Selon vous, pourquoi lit-on encore aujourd'hui *La Confession*, alors que l'auteur se présente comme la voix de son siècle en particulier ? En quoi cet ouvrage peut-il encore parler au lecteur actuel ?
- Le mouvement romantique a généré de nombreux écrits, mais également beaucoup d'œuvres picturales. À quels peintres ou à quels tableaux la confession vous fait-elle penser ? Quels sont les points communs entre ces œuvres (thèmes, style, etc.) ?
- Bien que le roman ne soit pas une autobiographie au sens propre du terme, en quoi annonce-t-il déjà certaines des caractéristiques de l'autobiographie au XXe siècle?
- Dans quelle mesure *La Confession* laisse-t-elle deviner que son auteur est avant tout un poète et un dramaturge?
- À qui Octave ressemble-t-il parmi les différents héros masculins des romans du XIXe siècle? Et pourquoi?
- Que peut-on dire de la structure du roman? Tentez de donner un titre à chacune des parties.

5. INFORMATIONS COMPLÉMENTAIRES

Éditions de référence

- *La Confession d'un enfant du siècle*, Paris, Gallimard, coll. « Folio classique », 1973.
- *La Confession d'un enfant du siècle*, Paris, Le Livre de Poche, coll. « Classiques de poche », 2003.

Adaptation télévisée

- *La Confession d'un enfant du siècle*, de Claude Santelli, avec Sami Frey et Marie-Christine Barrault, 1974.

Adaptation cinématographique

- *Confession d'un enfant du siècle*, de Sophie Verheyde, avec Pete Doherty et Charlotte Gainsbourg, 2011.

LePetitLittéraire.fr, une collection en ligne d'analyses littéraires de référence :

- des fiches de lecture, des questionnaires de lecture et des commentaires composés
- sur plus de 500 œuvres classiques et contemporaines
- ... le tout dans un langage clair et accessible !

Connectez-vous sur lePetitlittéraire.fr et téléchargez nos documents en quelques clics :

Adamek, *Le fusil à pétales*
Alibaba et les 40 voleurs
Amado, *Cacao*
Ancion, *Quatrième étage*
Andersen, *La petite sirène et autres contes*
Anouilh, *Antigone*
Anouilh, *Le Bal des voleurs*
Aragon, *Aurélien*
Aragon, *Le Paysan de Paris*
Aragon, *Le Roman inachevé*
Aurevilly, *Le chevalier des Touches*
Aurevilly, *Les Diaboliques*
Austen, *Orgueil et préjugés*
Austen, *Raison et sentiments*
Auster, *Brooklyn Folies*
Aymé, *Le Passe-Muraille*
Balzac, *Ferragus*
Balzac, *La Cousine Bette*
Balzac, *La Duchesse de Langeais*
Balzac, *La Femme de trente ans*
Balzac, *La Fille aux yeux d'or*
Balzac, *Le Bal des sceaux*
Balzac, *Le Chef-d'oeuvre inconnu*
Balzac, *Le Colonel Chabert*
Balzac, *Le Père Goriot*
Balzac, *L'Elixir de longue vie*
Balzac, *Les Chouans*
Balzac, *Les Illusions perdues*
Balzac, *Sarrasine*
Balzac, *Eugénie Grandet*
Balzac, *La Peau de chagrin*
Balzac, *Le Lys dans la vallée*
Barbery, *L'Elégance du hérisson*
Barbusse, *Le feu*
Baricco, *Soie*
Barjavel, *La Nuit des temps*
Barjavel, *Ravage*
Bauby, *Le scaphandre et le papillon*
Bauchau, *Antigone*
Bazin, *Vipère au poing*
Beaumarchais, *Le Barbier de Séville*
Beaumarchais, *Le Mariage de Figaro*
Beauvoir, *Le Deuxième sexe*
Beauvoir, *Mémoires d'une jeune fille rangée*
Beckett, *En attendant Godot*
Beckett, *Fin de partie*
Beigbeder, *Un roman français*
Benacquista, *La boîte noire et autres nouvelles*
Benacquista, *Malavita*
Bourdouxhe, *La femme de Gilles*
Bradbury, *Fahrenheit 451*
Breton, *L'Amour fou*
Breton, *Le Manifeste du Surréalisme*
Breton, *Nadja*
Brink, *Une saison blanche et sèche*
Brisville, *Le Souper*
Brönte, *Jane Eyre*
Brönte, *Les Hauts de Hurlevent*
Brown, *Da Vinci Code*
Buzzati, *Le chien qui a vu Dieu et autres nouvelles*
Buzzati, *Le veston ensorcelé*
Calvino, *Le Vicomte pourfendu*
Camus, *La Chute*
Camus, *Le Mythe de Sisyphe*
Camus, *Le Premier homme*
Camus, *Les Justes*
Camus, *L'Etranger*
Camus, *Caligula*
Camus, *La Peste*
Carrère, *D'autres vies que la mienne*
Carrère, *Le retour de Martin Guerre*
Carrière, *La controverse de Valladolid*
Carrol, *Alice au pays des merveilles*
Cassabois, *Le Récit de Gildamesh*
Céline, *Mort à crédit*
Céline, *Voyage au bout de la nuit*
Cendrars, *J'ai saigné*
Cendrars, *L'Or*
Cervantès, *Don Quichotte*
Césaire, *Les Armes miraculeuses*
Chanson de Roland
Char, *Feuillets d'Hypnos*
Chateaubriand, *Atala*
Chateaubriand, *Mémoires d'Outre-Tombe*
Chateaubriand, *René 25*
Chateaureynaud, *Le verger et autres nouvelles*
Chevalier, *La dame à la licorne*
Chevalier, *La jeune fille à la perle*
Chraïbi, *La Civilisation, ma Mère!...*
Chrétien de Troyes, *Lancelot ou le Chevalier de la Charrette*
Chrétien de Troyes, *Perceval ou le Roman du Graal*
Chrétien de Troyes, *Yvain ou le Chevalier au Lion*
Chrétien de Troyes, *Erec et Enide*
Christie, *Dix petits nègres*
Christie, *Nouvelles policières*
Claudel, *La petite fille de Monsieur Lihn*
Claudel, *Le rapport de Brodeck*
Claudel, *Les âmes grises*
Cocteau, *La Machine infernale*
Coelho, *L'Alchimiste*
Cohen, *Le Livre de ma mère*
Colette, *Dialogues de bêtes*
Conrad, *L'hôte secret*
Conroy, *Corps et âme*
Constant, *Adolphe*
Corneille, *Cinna*
Corneille, *Horace*
Corneille, *Le Menteur*
Corneille, *Le Cid*
Corneille, *L'Illusion comique*
Courteline, *Comédies*
Daeninckx, *Cannibale*
Dai Sijie, *Balzac et la Petite Tailleuse chinoise*
Dante, *L'Enfer*
Daudet, *Les Lettres de mon moulin*
De Gaulle, *Mémoires de guerre III. Le Salut. 1944-1946*
De Lery, *Voyage en terre de Brésil*
De Vigan, *No et moi*
Defoe, *Robinson Crusoé*
Del Castillo, *Tanguy*
Deutsch, *Les garçons*
Dickens, *Oliver Twist*
Diderot, *Jacques le fataliste*
Diderot, *Le Neveu de Rameau*
Diderot, *Paradoxe sur le comédien*
Diderot, *Supplément au voyage de Bougainville*
Dorgelès, *Les croix de bois*
Dostoïevski, *Crime et châtiment*
Dostoïevski, *L'Idiot*
Doyle, *Le Chien des Baskerville*
Doyle, *Le ruban moucheté*
Doyle, *Scandales en bohème et autres contes*
Dugain, *La chambre des officiers*
Dumas, *Le Comte de Monte Cristo*
Dumas, *Les Trois Mousquetaires*
Dumas, *Pauline*
Duras, *Le Ravissement de Lol V. Stein*
Duras, *L'Amant*
Duras, *Un barrage contre le Pacifique*
Eco, *Le Nom de la rose*
Enard, *Parlez-leur de batailles, de rois et d'éléphants*
Ernaux, *La Place*
Ernaux, *Une femme*
Fabliaux du Moyen Age
Farce de Maitre Pathelin
Faulkner, *Le bruit et la fureur*
Feydeau, *Feu la mère de Madame*
Feydeau, *On purge bébé*
Feydeau, *Par la fenêtre et autres pièces*
Fine, *Journal d'un chat assassin*
Flaubert, *Bouvard et Pecuchet*
Flaubert, *Madame Bovary*
Flaubert, *L'Education sentimentale*
Flaubert, *Salammbô*
Follett, *Les piliers de la terre*
Fournier, *Où on va papa?*
Fournier, *Le Grand Meaulnes*

Frank, *Le Journal d'Anne Frank*
Gary, *La Promesse de l'aube*
Gary, *La Vie devant soi*
Gary, *Les Cerfs-volants*
Gary, *Les Racines du ciel*
Gaudé, *Eldorado*
Gaudé, *La Mort du roi Tsongor*
Gaudé, *Le Soleil des Scorta*
Gautier, *La morte amoureuse*
Gautier, *Le capitaine Fracasse*
Gautier, *Le chevalier double*
Gautier, *Le pied de momie et autres contes*
Gavalda, *35 kilos d'espoir*
Gavalda, *Ensemble c'est tout*
Genet, *Journal d'un voleur*
Gide, *La Symphonie pastorale*
Gide, *Les Caves du Vatican*
Gide, *Les Faux-Monnayeurs*
Giono, *Le Chant du monde*
Giono, *Le Grand Troupeau*
Giono, *Le Hussard sur le toit*
Giono, *L'homme qui plantait des arbres*
Giono, *Les Âmes fortes*
Giono, *Un roi sans divertissement*
Giordano, *La solitude des nombres premiers*
Giraudoux, *Electre*
Giraudoux, *La guerre de Troie n'aura pas lieu*
Gogol, *Le Manteau*
Gogol, *Le Nez*
Golding, *Sa Majesté des Mouches*
Grimbert, *Un secret*
Grimm, *Contes*
Gripari, *Le Bourricot*
Guilleragues, *Lettres de la religieuse portugaise*
Gunzig, *Mort d'un parfait bilingue*
Harper Lee, *Ne tirez pas sur l'oiseau moqueur*
Hemingway, *Le Vieil Homme et la Mer*
Hessel, *Engagez-vous!*
Hessel, *Indignez-vous!*
Higgins, *Harold et Maud*
Higgins Clark, *La nuit du renard*
Homère, *L'Iliade*
Homère, *L'Odyssée*
Horowitz, *La Photo qui tue*
Horowitz, *L'Île du crâne*
Hosseini, *Les Cerfs-volants de Kaboul*
Houellebecq, *La Carte et le Territoire*
Hugo, *Claude Gueux*
Hugo, *Hernani*
Hugo, *Le Dernier Jour d'un condamné*
Hugo, *L'Homme qui Rit*
Hugo, *Notre-Dame de Paris*
Hugo, *Quatrevingt-Treize*
Hugo, *Les Misérables*
Hugo, *Ruy Blas*
Huston, *Lignes de faille*
Huxley, *Le meilleur des mondes*
Huysmans, *À rebours*
Huysmans, *Là-Bas*
Ionesco, *La cantatrice Chauve*
Ionesco, *La leçon*
Ionesco, *Le Roi se meurt*
Ionesco, *Rhinocéros*
Istrati, *Mes départs*
Jaccottet, *A la lumière d'hiver*
Japrisot, *Un long dimanche de fiançailles*
Jary, *Ubu Roi*
Joffo, *Un sac de billes*
Jonquet, *La vie de ma mère!*
Juliet, *Lambeaux*
Kadaré, *Qui a ramené Doruntine?*
Kafka, *La Métamorphose*
Kafka, *Le Château*
Kafka, *Le Procès*
Kafka, *Lettre au père*
Kerouac, *Sur la route*
Kessel, *Le Lion*
Khadra, *L'Attentat*
Koenig, *Nitocris, reine d'Egypte*
La Bruyère, *Les Caractères*
La Fayette, *La Princesse de Clèves*
La Fontaine, *Fables*
La Rochefoucauld, *Maximes*
Läckberg, *La Princesse des glaces*
Läckberg, *L'oiseau de mauvais augure*
Laclos, *Les Liaisons dangereuses*
Lamarche, *Le jour du chien*
Lampedusa, *Le Guépard*
Larsson, *Millenium I. Les hommes qui n'aimaient pas les femmes*
Laye, *L'enfant noir*
Le Clézio, *Désert*
Le Clézio, *Mondo*
Leblanc, *L'Aiguille creuse*
Leiris, *L'Âge d'homme*
Lemonnier, *Un mâle*
Leprince de Beaumont, *La Belle et la Bête*
Leroux, *Le Mystère de la Chambre Jaune*
Levi, *Si c'est un homme*
Levy, *Et si c'était vrai...*
Levy, *Les enfants de la liberté*
Levy, *L'étrange voyage de Monsieur* Daldry
Lewis, *Le Moine*
Lindgren, *Fifi Brindacier*
Littell, *Les Bienveillantes*
London, *Croc-Blanc*
London, *L'Appel de la forêt*
Maalouf, *Léon l'africain*
Maalouf, *Les échelles du levant*
Machiavel, *Le Prince*
Madame de Staël, *Corinne ou l'Italie*
Maeterlinck, *Pelléas et Mélisande*
Malraux, *La Condition humaine*
Malraux, *L'Espoir*
Mankell, *Les chaussures italiennes*
Marivaux, *Les Acteurs de bonne foi*
Marivaux, *L'île des esclaves*
Marivaux, *La Dispute*
Marivaux, *La Double Inconstance*
Marivaux, *La Fausse Suivante*
Marivaux, *Le Jeu de l'amour et du hasard*
Marivaux, *Les Fausses Confidences*
Maupassant, *Boule de Suif*
Maupassant, *La maison Tellier*
Maupassant, *La morte et autres nouvelles fantastiques*
Maupassant, *La parure*
Maupassant, *La peur et autres contes fantastiques*
Maupassant, *Le Horla*
Maupassant, *Mademoiselle Perle et autres nouvelles*
Maupassant, *Toine et autres contes*
Maupassant, *Bel-Ami*
Maupassant, *Le papa de Simon*
Maupassant, *Pierre et Jean*
Maupassant, *Une vie*
Mauriac, *Le Mystère Frontenac*
Mauriac, *Le Noeud de vipères*
Mauriac, *Le Sagouin*
Mauriac, *Thérèse Desqueyroux*
Mazetti, *Le mec de la tombe d'à côté*
McCarthy, *La Route*
Mérimée, *Colomba*
Mérimée, *La Vénus d'Ille*
Mérimée, *Carmen*
Mérimée, *Les Âmes du purgatoire*
Mérimée, *Matéo Falcone*
Mérimée, *Tamango*
Merle, *La mort est mon métier*
Michaux, *Ecuador et un barbare en Asie*
Mille et une Nuits
Mishima, *Le pavillon d'or*
Modiano, *Lacombe Lucien*
Molière, *Amphitryon*
Molière, *L'Avare*
Molière, *Le Bourgeois gentilhomme*
Molière, *Le Malade imaginaire*
Molière, *Le Médecin volant*
Molière, *L'Ecole des femmes*
Molière, *Les Précieuses ridicules*
Molière, *L'Impromptu de Versailles*
Molière, *Dom Juan*
Molière, *Georges Dandin*
Molière, *Le Misanthrope*
Molière, *Le Tartuffe*
Molière, *Les Femmes savantes*
Molière, *Les Fourberies de Scapin*
Montaigne, *Essais*
Montesquieu, *L'Esprit des lois*
Montesquieu, *Lettres persanes*
More, *L'Utopie*
Morpurgo, *Le Roi Arthur*
Musset, *Confession d'un enfant du siècle*
Musset, *Fantasio*
Musset, *Il ne faut juger de rien*
Musset, *Les Caprices de Marianne*
Musset, *Lorenzaccio*
Musset, *On ne badine pas avec l'amour*
Musso, *La fille de papier*
Musso, *Que serais-je sans toi?*
Nabokov, *Lolita*
Ndiaye, *Trois femmes puissantes*
Nemirovsky, *Le Bal*
Nemirovsky, *Suite française*
Nerval, *Sylvie*
Nimier, *Les inséparables*
Nothomb, *Hygiène de l'assassin*
Nothomb, *Stupeur et tremblements*
Nothomb, *Une forme de vie*
N'Sondé, *Le coeur des enfants léopards*
Obaldia, *Innocentines*
Onfray, *Le corps de mon père, autobiographie de ma mère*
Orwell, *1984*
Orwell, *La Ferme des animaux*
Ovaldé, *Ce que je sais de Vera Candida*
Ovide, *Métamorphoses*
Oz, *Soudain dans la forêt profonde*

Pagnol, *Le château de ma mère*
Pagnol, *La gloire de mon père*
Pancol, *La valse lente des tortues*
Pancol, *Les écureuils de Central Park sont tristes le lundi*
Pancol, *Les yeux jaunes des crocodiles*
Pascal, *Pensées*
Péju, *La petite chartreuse*
Pennac, *Cabot-Caboche*
Pennac, *Au bonheur des ogres*
Pennac, *Chagrin d'école*
Pennac, *Kamo*
Pennac, *La fée carabine*
Perec, *W ou le souvenir d'Enfance*
Pergaud, *La guerre des boutons*
Perrault, *Contes*
Petit, *Fils de guerre*
Poe, *Double Assassinat dans la rue* Morgue
Poe, *La Chute de la maison Usher*
Poe, *La Lettre volée*
Poe, *Le chat noir et autres contes*
Poe, *Le scarabée d'or*
Poe, *Manuscrit trouvé dans une bouteille*
Polo, *Le Livre des merveilles*
Prévost, *Manon Lescaut*
Proust, *Du côté de chez Swann*
Proust, *Le Temps retrouvé*
Queffélec, *Les Noces barbares*
Queneau, *Les Fleurs bleues*
Queneau, *Pierrot mon ami*
Queneau, *Zazie dans le métro*
Quignard, *Tous les matins du monde*
Quint, *Effroyables jardins*
Rabelais, *Gargantua*
Rabelais, *Pantagruel*
Racine, *Andromaque*
Racine, *Bajazet*
Racine, *Bérénice*
Racine, *Britannicus*
Racine, *Iphigénie*
Racine, *Phèdre*
Radiguet, *Le diable au corps*
Rahimi, *Syngué sabour*
Ray, *Malpertuis*
Remarque, *A l'Ouest, rien de nouveau*
Renard, *Poil de carotte*
Reza, *Art*
Richter, *Mon ami Frédéric*
Rilke, *Lettres à un jeune poète*
Rodenbach, *Bruges-la-Morte*
Romains, *Knock*
Roman de Renart
Rostand, *Cyrano de Bergerac*
Rotrou, *Le Véritable Saint Genest*
Rousseau, *Du Contrat social*
Rousseau, *Emile ou de l'Education*
Rousseau, *Les Confessions*
Rousseau, *Les Rêveries du promeneur solitaire*
Rowling, *Harry Potter–La saga*
Rowling, *Harry Potter à l'école des sorciers*
Rowling, *Harry Potter et la Chambre des Secrets*
Rowling, *Harry Potter et la coupe de feu*
Rowling, *Harry Potter et le prisonnier d'Azkaban*
Rufin, *Rouge brésil*
Saint-Exupéry, *Le Petit Prince*
Saint-Exupéry, *Vol de nuit*
Saint-Simon, *Mémoires*
Salinger, *L'attrape-coeurs*
Sand, *Indiana*
Sand, *La Mare au diable*
Sarraute, *Enfance*
Sarraute, *Les Fruits d'Or*
Sartre, *La Nausée*
Sartre, *Les mains sales*
Sartre, *Les mouches*
Sartre, *Huis clos*
Sartre, *Les Mots*
Sartre, *L'existentialisme est un humanisme*
Sartre, *Qu'est-ce que la littérature?*
Schéhérazade et Aladin
Schlink, *Le Liseur*
Schmitt, *Odette Toutlemonde*
Schmitt, *Oscar et la dame rose*
Schmitt, *La Part de l'autre*
Schmitt, *Monsieur Ibrahim et les fleurs du Coran*
Semprun, *Le mort qu'il faut*
Semprun, *L'Ecriture ou la vie*
Sépulvéda, *Le Vieux qui lisait des romans d'amour*
Shaffer et Barrows, *Le Cercle littéraire des amateurs d'épluchures de patates*
Shakespeare, *Hamlet*
Shakespeare, *Le Songe d'une nuit d'été*
Shakespeare, *Macbeth*
Shakespeare, *Romeo et Juliette*
Shan Sa, *La Joueuse de go*
Shelley, *Frankenstein*
Simenon, *Le bourgmestre de Fume*
Simenon, *Le chien jaune*
Sinbad le marin
Sophocle, *Antigone*
Sophocle, *Œdipe Roi*
Steeman, *L'Assassin habite au 21*
Steinbeck, *La perle*
Steinbeck, *Les raisins de la colère*
Steinbeck, *Des souris et des hommes*
Stendhal, *Les Cenci*
Stendhal, *Vanina Vanini*
Stendhal, *La Chartreuse de Parme*
Stendhal, *Le Rouge et le Noir*
Stevenson, *L'Etrange cas du Docteur Jekyll et de M. Hyde*
Stevenson, *L'Île au trésor*
Süskind, *Le Parfum*
Szpilman , *Le Pianiste*
Taylor, *Inconnu à cette adresse*
Tirtiaux, *Le passeur de lumière*
Tolstoï, *Anna Karénine*
Tolstoï, *La Guerre et la paix*
Tournier, *Vendredi ou la vie sauvage*
Tournier, *Vendredi ou les limbes du pacifique*
Toussaint, *Fuir*
Tristan et Iseult
Troyat, *Aliocha*
Uhlman, *L'Ami retrouvé*
Ungerer, *Otto*
Vallès, *L'Enfant*
Vargas, *Dans les bois éternels*
Vargas, *Pars vite et reviens tard*
Vargas, *Un lieu incertain*
Verne, *Deux ans de vacances*
Verne, *Le Château des Carpathes*
Verne, *Le Tour du monde en 80 jours*
Verne, *Madame Zacharius, Aventures de la famille Raton*
Verne, *Michel Strogoff*
Verne, *Un hivernage dans les glaces*
Verne, *Voyage au centre de la terre*
Vian, *L'écume des jours*
Vigny, *Chatterton*
Virgile, *L'Enéide*
Voltaire, *Jeannot et Colin*
Voltaire, *Le monde comme il va*
Voltaire, *L'Ingénu*
Voltaire, *Zadig*
Voltaire, *Candide*
Voltaire, *Micromégas*
Wells, *La guerre des mondes*
Werber, *Les Fourmis*
Wilde, *Le Fantôme de Canterville*
Wilde, *Le Portrait de Dorian Gray*
Woolf, *Mrs Dalloway*
Yourcenar, *Comment Wang-Fô fut sauvé*
Yourcenar, *Mémoires d'Hadrien*
Zafón, *L'Ombre du vent*
Zola, *Au Bonheur des Dames*
Zola, *Germinal*
Zola, *Jacques Damour*
Zola, *La Bête Humaine*
Zola, *La Fortune des Rougon*
Zola, *La mort d'Olivier Bécaille et autres nouvelles*
Zola, *L'attaque du moulin et autre nouvelles*
Zola, *Madame Sourdis et autres nouvelles*
Zola, *Nana*
Zola, *Thérèse Raquin*
Zola, *La Curée*
Zola, *L'Assommoir*
Zweig, *La Confusion des sentiments*
Zweig, *Le Joueur d'échecs*

NOTES

4039968R00016

Printed in Germany
by Amazon Distribution
GmbH, Leipzig